Andrea Holzer-Rhomberg

Aus der musikalischen Schatz-kiste

38 bekannte musikalische Themen bearbeitet für Viola (1. Lage)

VHR 3876 / ISMN 979-0-2013-1022-0 / ISBN 978-3-86434-119-9

Audio-Produktion:
Produziert und aufgenommen 2021 im Ewood-Studio Nürnberg

Mitwirkende:
Larissa Gromotka – Viola
Jo Barnikel – Klavier

Notensatz:
Regina Krauß, Speyer

Umschlag:
Gerhard Illig, Schwaig bei Nürnberg

Zeichnung: Ulrich Velte Design + Illustration, Hamburg

www.holzschuh-verlag.de
www.fiedel-max.de
www.passion4stringteaching.com

Vorwort

Die vorliegende Ausgabe bietet ein abwechslungsreiches Repertoire an Spielstücken sowohl für junge Musiklernende als auch für erwachsene Amateurmusiker. Die Auswahl der Werke nimmt den Spieler mit auf eine Reise durch mehrere Jahrhunderte. Leicht spielbare Bearbeitungen berühmter Meisterwerke aus Barock, Klassik und Romantik sind ebenso vertreten wie Fiddle-Musik, Traditionals und beliebte Melodien aus der Unterhaltungsmusik.

Die Werke sind sorgfältig ausgewählt nach spieltechnischen und musikalischen Gesichtspunkten. Alle Stücke dieser Ausgabe sind in der 1. Lage spielbar. Selbstverständlich können die Noten vom Instrumentallehrer mit anspruchsvolleren Fingersätzen (Lagenspiel) sowie Strichalternativen versehen werden, um das klangliche Ergebnis zu verfeinern.

Die Bearbeitungen dieser Ausgabe eröffnen den Spielerinnen und Spielern einen Zugang zu Meisterwerken unserer abendländischen Musik. Sie eignen sich für den Unterricht, für Vorspiele an Schulen und Musikschulen, für Auftritte bei musikalischen Umrahmungen von Veranstaltungen sowie für das gemeinsame Musizieren zu Hause. Diese Ausgabe ist somit eine ideale Ergänzung zu jeder Violaschule.

Das Einstudieren der Stücke wird durch die per Download zur Verfügung gestellten Audiodateien (Hör- und Mitspielversion) unterstützt. Das Klavier wurde auf 440 Hz gestimmt.

Für das gemeinsame Musizieren im Musikunterricht, bei Auftritten oder zu Hause mit Eltern und Geschwistern ist zusätzlich eine Ausgabe mit sämtlichen Klavierbegleitungen erhältlich. Der Schwierigkeitsgrad liegt im leichten bis mittleren Bereich.

Nun wünsche ich den jungen Bratschistinnen und Bratschisten viel Freude beim Musizieren.

Andrea Holzer-Rhomberg
Feldkirch 2021

Die Audiodateien können unter

https://download.holzschuh-verlag.de

nach Eingabe des Download-Codes
kostenlos heruntergeladen werden.

Download-Code: 93u5-3kin

Wir empfehlen den Download mit einem PC oder Mac, da die Dateien in einem ZIP-Archiv vorliegen und erst entpackt werden müssen.

Inhalt

Adagio-Thema

aus dem *Klarinettenkonzert KV 622*

W. A. Mozart (1756–1791)
Bearb.: A. Holzer-Rhomberg

MP3 01

mp
7
mf
13
1.
2.

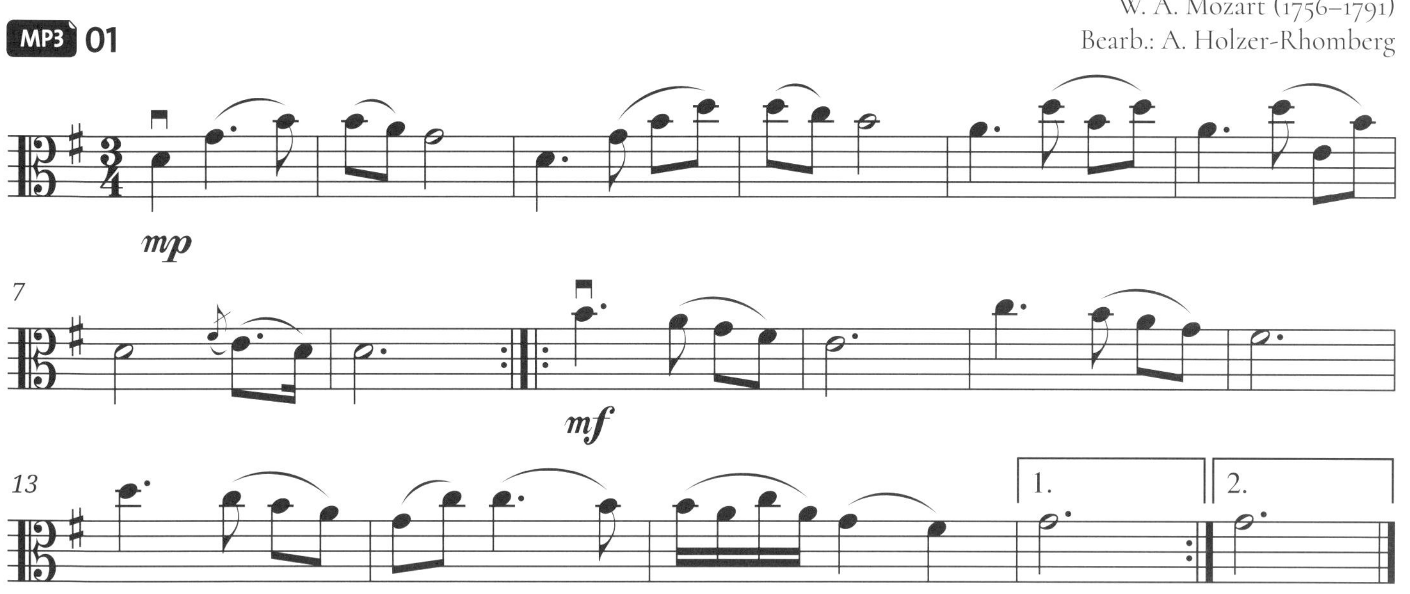

Von fremden Ländern und Menschen

aus *Kinderszenen op. 15*

R. Schumann (1810–1856)
Bearb.: A. Holzer-Rhomberg

MP3 02

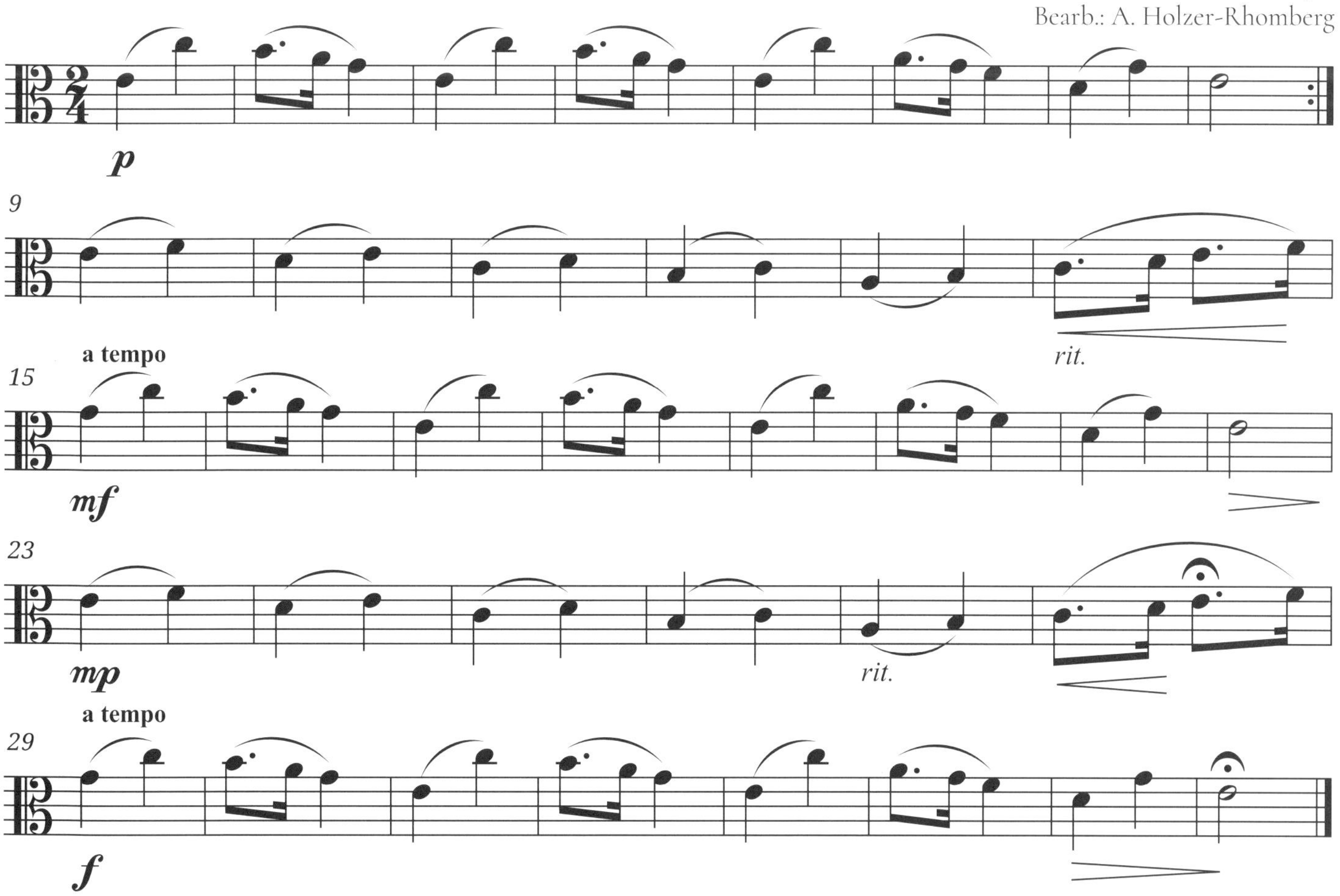
p
9
rit.
a tempo
15
mf
23
mp
rit.
a tempo
29
f

Le Petit Rien

Rondeau

F. Couperin (1668–1733)
Bearb.: A. Holzer-Rhomberg

MP3 03

Menuett

aus der *Feuerwerksmusik*

MP3 04

G. F. Händel (1685–1759)
Bearb.: A. Holzer-Rhomberg

mf
7
f
12
1.
2.

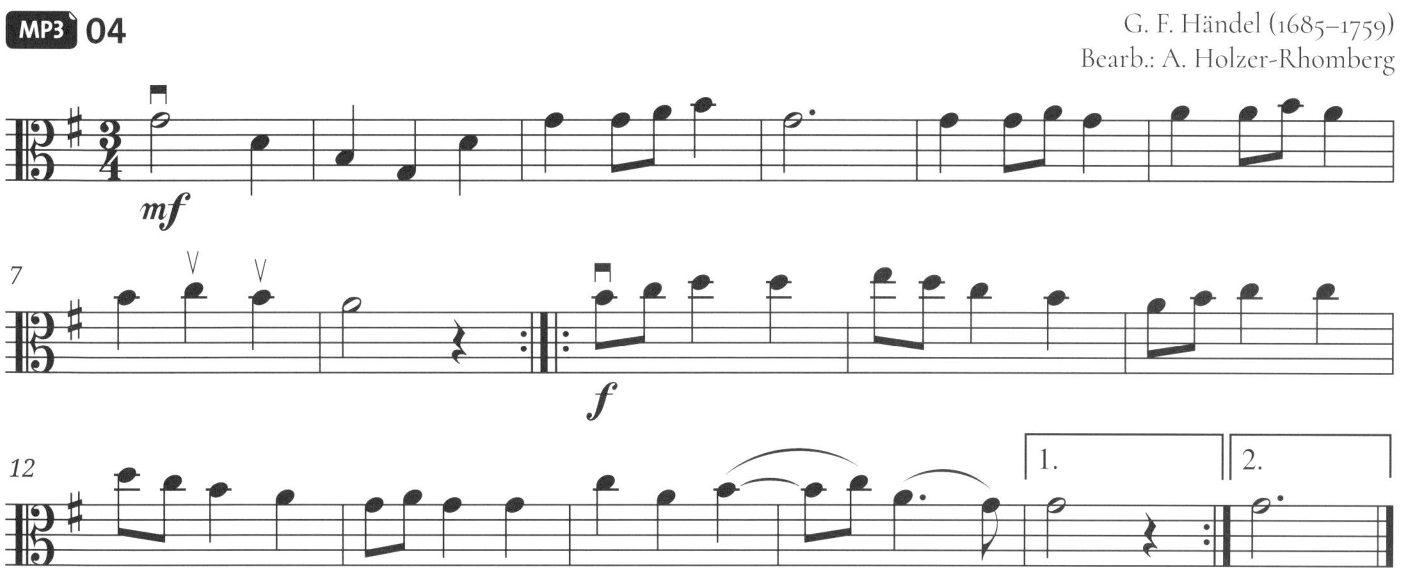

St. Antonius Choral

aus dem *Divertimento in B-Dur*

J. Haydn (1732–1809)
Bearb.: A. Holzer-Rhomberg

MP3 05

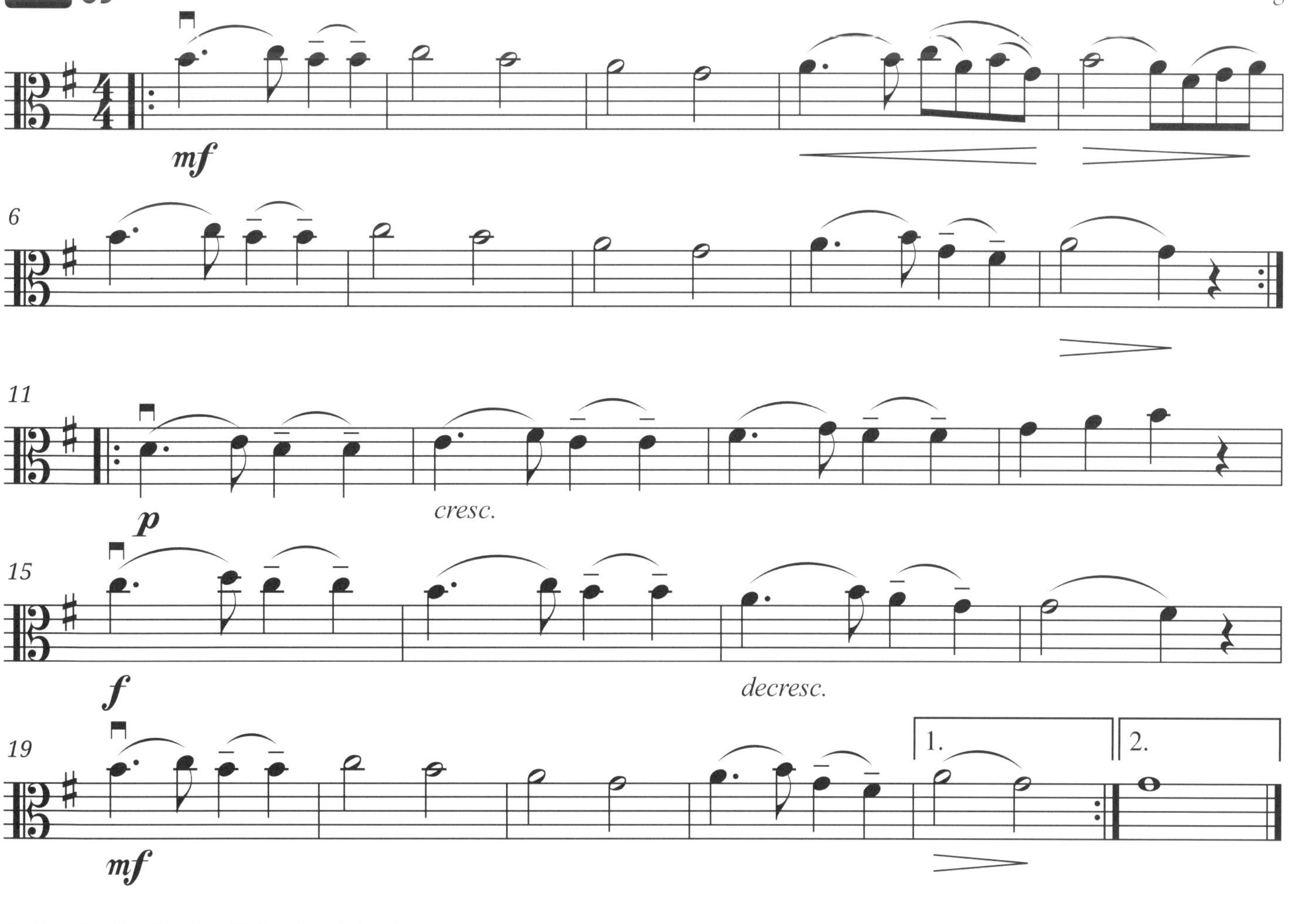
mf
6
11
p
cresc.
15
f
decresc.
19
mf
1.
2.

Andante Grazioso

aus der *Klaviersonate KV 331*

MP3 06

W. A. Mozart (1756–1791)
Bearb.: A. Holzer-Rhomberg

Der Frühling

Thema aus den *Vier Jahreszeiten*

MP3 07

A. Vivaldi (1678–1741)
Bearb.: A. Holzer-Rhomberg

Letzte Rose

aus der Oper *Martha*

MP3 08

F. von Flotow (1812–1883)
Bearb.: A. Holzer-Rhomberg

Auld Lang Syne

Traditional (Schottland)
Bearb.: A. Holzer-Rhomberg

MP3 09

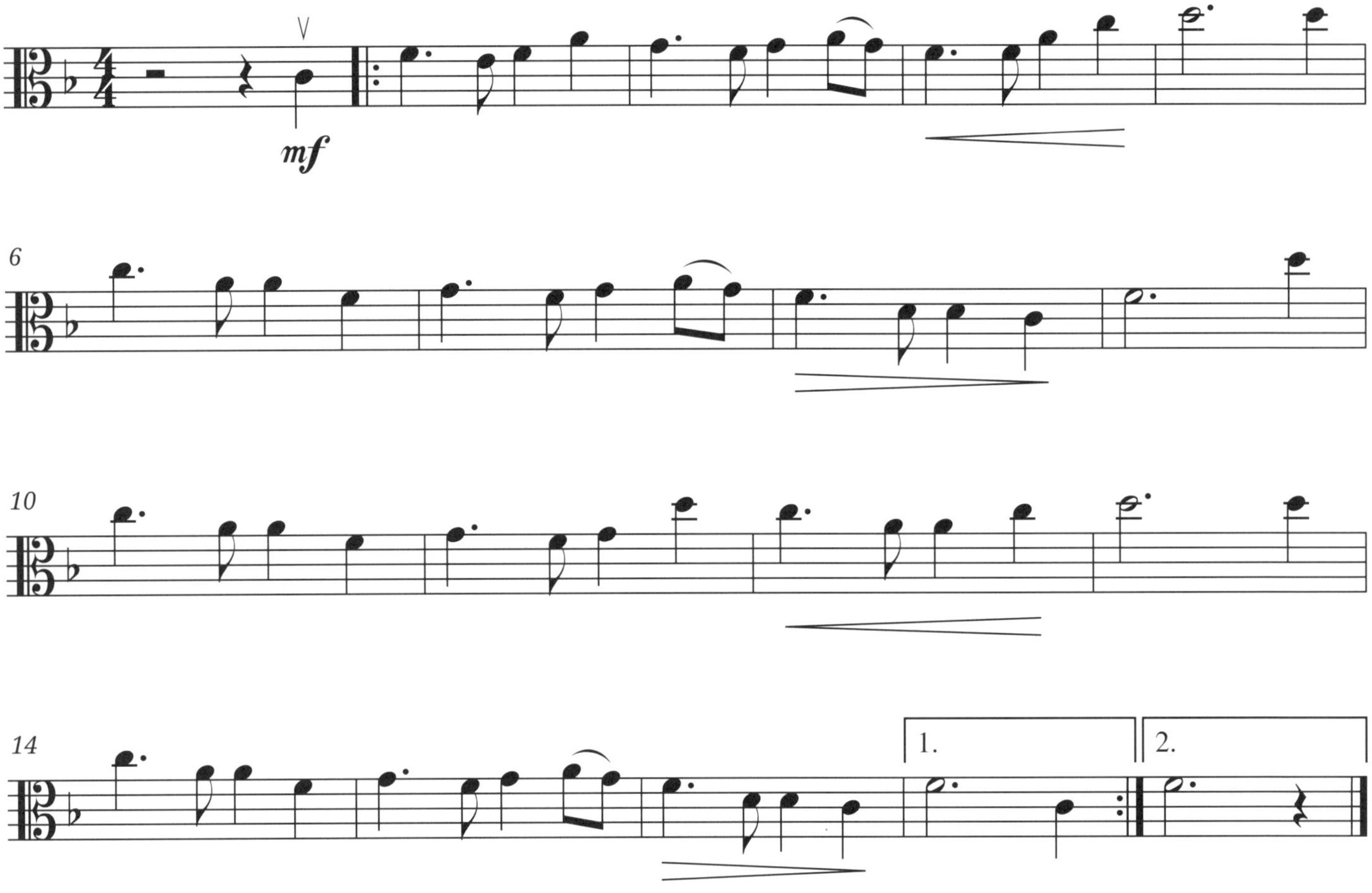

The Devil's Dream

Hornpipe

Traditional (Schottland)
Bearb.: A. Holzer-Rhomberg

MP3 10

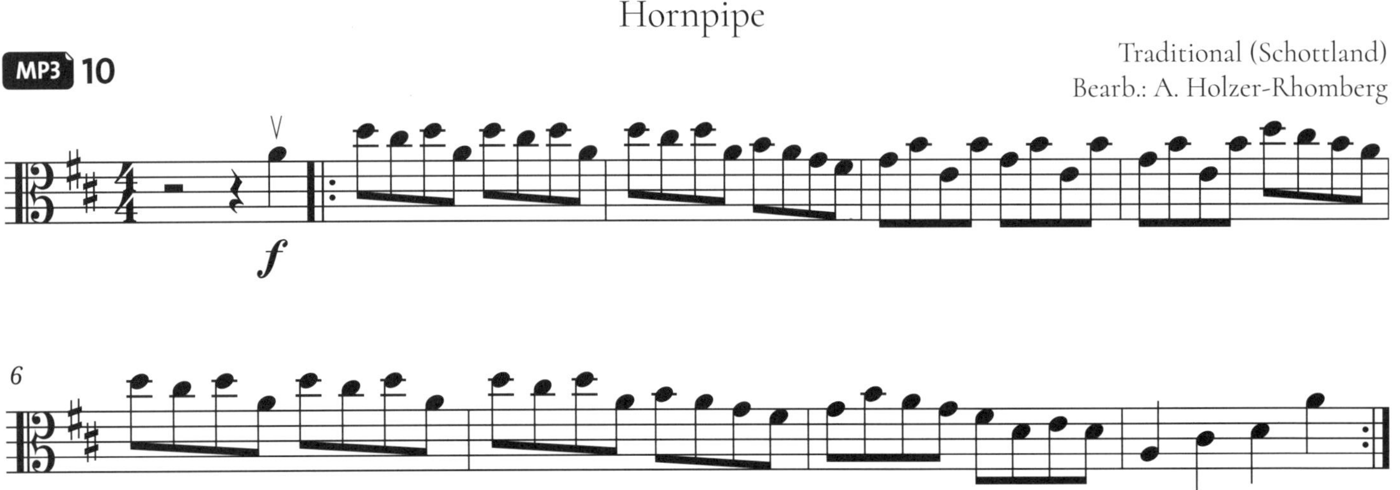

10

14

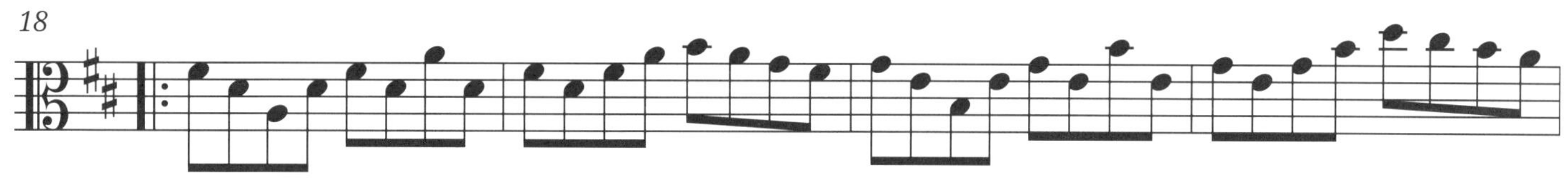
18

22

26

30

Non lo dirò col labbro

aus der Oper *Tolomeo*

G. F. Händel (1685–1759)
Bearb.: A. Holzer-Rhomberg

MP3 11

Scarborough Fair

Traditional (England)
Bearb.: A. Holzer-Rhomberg

MP3 12

Wiegenlied

op. 49 Nr. 4

J. Brahms (1833–1897)
Bearb.: A. Holzer-Rhomberg

MP3 13

Chorus

aus dem Oratorium *Judas Maccabäus*

MP3 14

G. F. Händel (1685–1759)
Bearb.: A. Holzer-Rhomberg

f

mf

f

Danny Boy

MP3 15

Traditional (Irland)
Bearb.: A. Holzer-Rhomberg

7
10
13
16
1.
2.
Largo
aus der Neuen Welt
MP3 16
A. Dvořák (1841–1904)
Bearb.: A. Holzer-Rhomberg
6
11
16
21

Der Vogelfänger bin ich ja

aus der Oper *Die Zauberflöte*

W. A. Mozart (1756-1791)
Bearb.: A. Holzer-Rhomberg

MP3 17

mf p mf f p f

Wiegenlied

op. 98 Nr. 2

F. Schubert (1797–1828)
Bearb.: A. Holzer-Rhomberg

MP3 18

Moderato

aus der Sonatine Nr. 1

MP3 19

L. v. Beethoven (1770–1827)
Bearb.: A. Holzer-Rhomberg

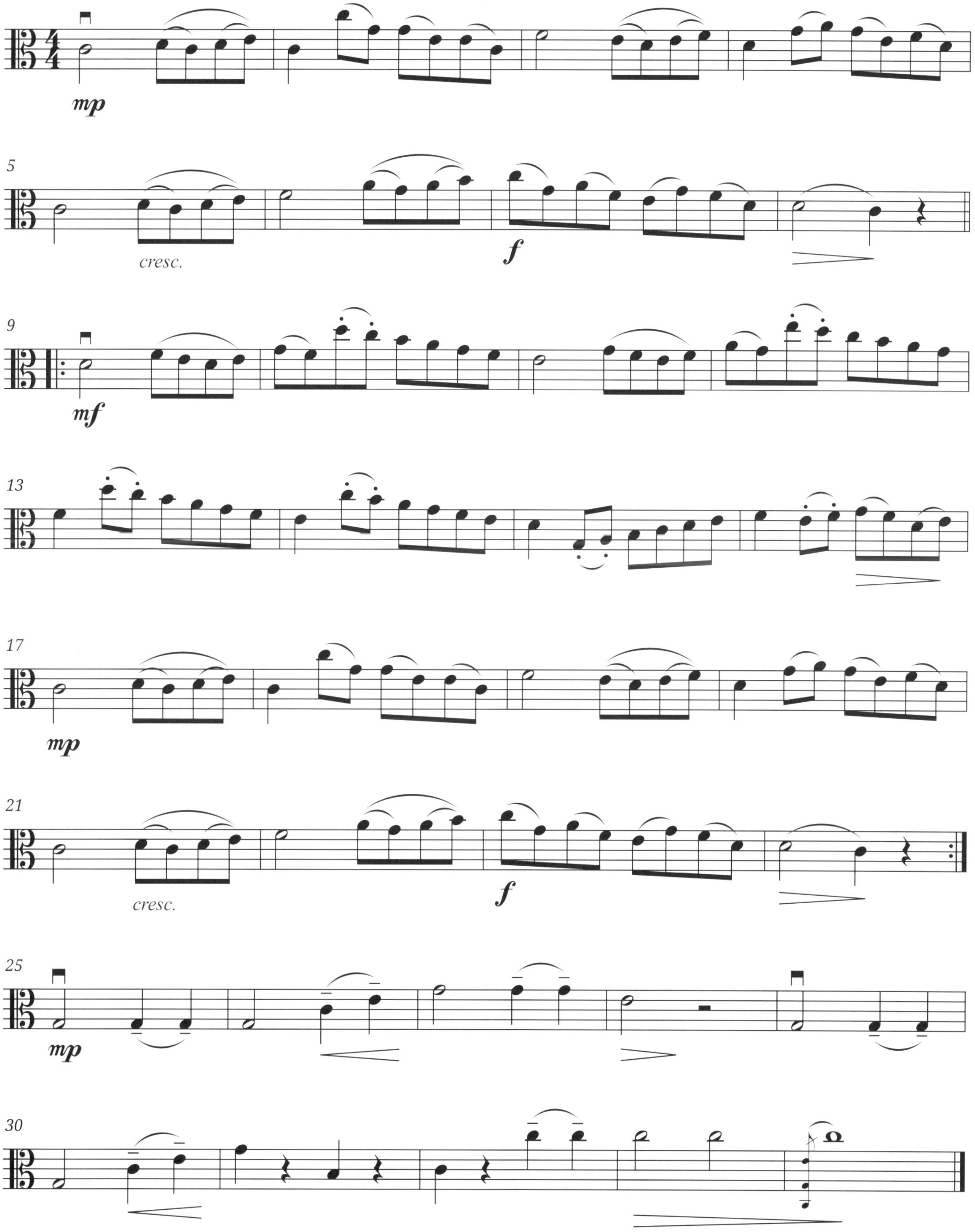

mp

5

cresc.

f

9

mf

13

17

mp

21

cresc.

f

25

mp

30

Triumphmarsch

aus der Oper *Aida*

MP3 20

G. Verdi (1813–1901)
Bearb.: A. Holzer-Rhomberg

f

Fiddle Tunes

Sailor's Hornpipe and Soldier's Joy

Traditional
Bearb.: A. Holzer-Rhomberg

MP3 21

D.C. al Fine con rep.

Andante

aus der *Symphonie mit dem Paukenschlag*

MP3 22

J. Haydn (1732–1809)
Bearb.: A. Holzer-Rhomberg

La Paloma

S. de Yradier (1809–1865)
Bearb.: A. Holzer-Rhomberg

O mio babbino caro

aus der Oper *Gianni Schicchi*

G. Puccini (1858–1924)
Bearb.: A. Holzer-Rhomberg

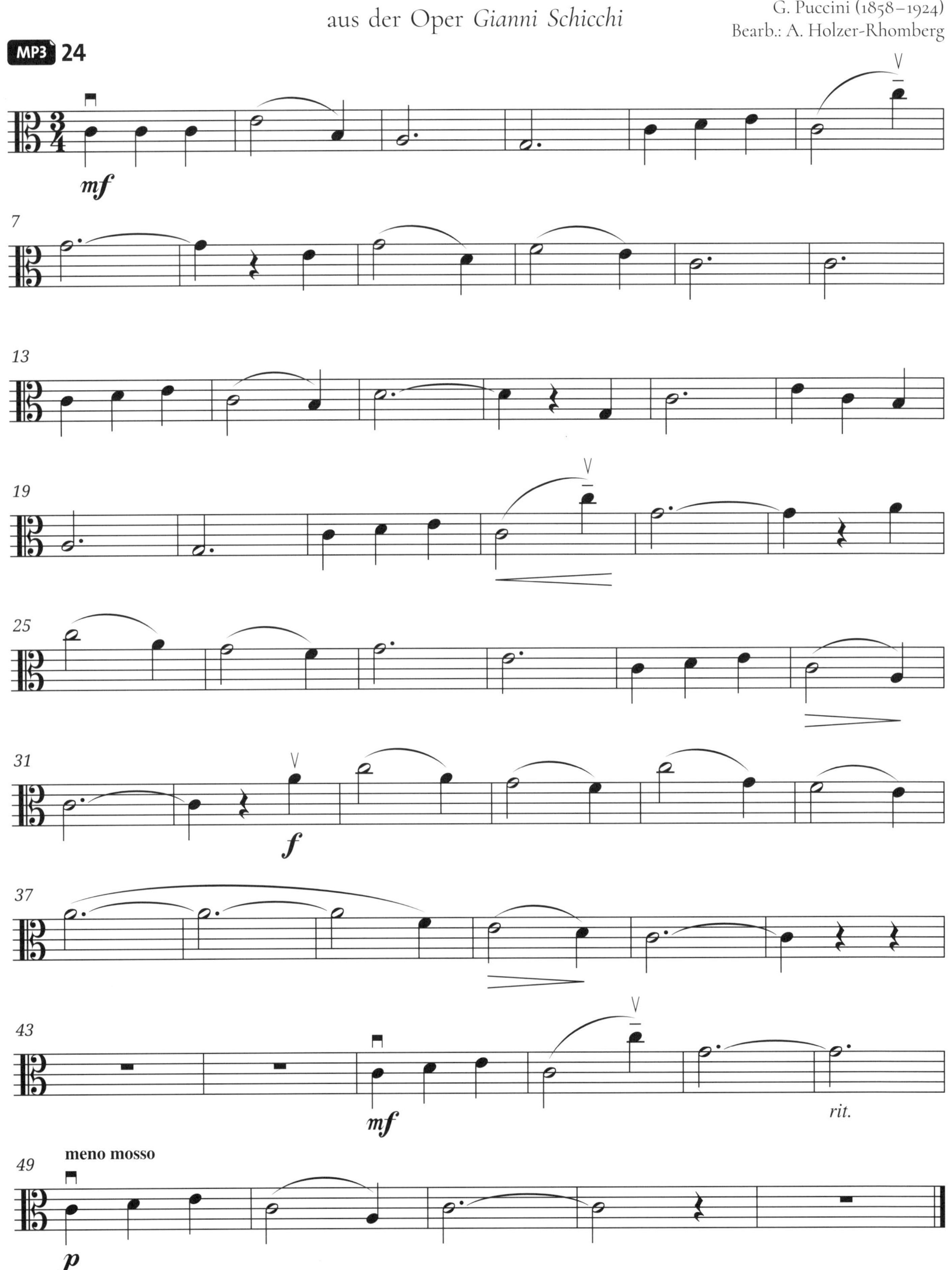

Rejouissance

aus der *Feuerwerksmusik*

MP3 25

G. F. Händel (1685–1759)
Bearb.: A. Holzer-Rhomberg

Einzug der Königin von Saba

aus dem Oratorium *Salomon*

G. F. Händel (1685–1759)
Bearb.: A. Holzer-Rhomberg

Humoresque

MP3 27

A. Dvořák (1841–1904)
Bearb.: A. Holzer-Rhomberg

Prelude

aus dem *Te Deum*

M. A. Charpentier (1643–1704)
Bearb.: A. Holzer-Rhomberg

Walzer

op. 39 Nr. 15

J. Brahms (1833–1897)
Bearb.: A. Holzer-Rhomberg

Romanze

aus der *Sonatine Nr. 1*

MP3 30

L. v. Beethoven (1770–1827)
Bearb.: A. Holzer-Rhomberg

Non più mesta

aus der Oper *La Cenerentola*

MP3 31

G. Rossini (1792–1868)
Bearb.: A. Holzer-Rhomberg

Neapolitanisches Tanzlied

aus dem Ballett *Schwanensee*

P. I. Tschaikowski (1840–1893)
Bearb.: A. Holzer-Rhomberg

MP3 32

37
41
p
45
49
cresc.
Adagio
MP3 33
T. Albinoni (1671–1751)
Bearb.: A. Holzer-Rhomberg
mp
5
3
3
9
3
mf
13
17
decresc.
p

Caro mio ben

G. Giordano (1730–1806)
Bearb.: A. Holzer-Rhomberg

Lascia ch'io pianga

aus der Oper *Rinaldo*

G. F. Händel (1685–1759)
Bearb.: A. Holzer-Rhomberg

MP3 35

Menuett

aus dem *Notenbüchlein für Anna Magdalena Bach*

J. S. Bach (1685–1750)
Bearb.: A. Holzer-Rhomberg

MP3 36

La donna è mobile

aus der Oper *Rigoletto*

MP3 37

G. Verdi (1813–1901)
Bearb.: A. Holzer-Rhomberg

O sole mio

E. di Capua (1865–1917)
Bearb.: A. Holzer-Rhomberg